DINERO RÁPIDO EN UN MES.

DINERO RÁPIDO EN UN MES

Por: D.K. Hawkins
Serie "Dinero Rápido"
Versión 1.1 ~Noviembre 2022
Publicado por D.K. Hawkins en KDP
Copyright ©2022 por D.K. Hawkins. Todos los derechos reservados.

Ninguna parte de esta publicación puede ser reproducida, distribuida o transmitida en cualquier forma o por cualquier medio, incluyendo fotocopias, grabaciones u otros métodos electrónicos o mecánicos, o por cualquier sistema de almacenamiento o recuperación de información, sin el permiso previo por escrito de los editores, excepto en el caso de citas muy breves incorporadas en reseñas críticas y algunos otros usos no comerciales permitidos por la ley de derechos de autor.

Quedan reservados todos los derechos, incluido el de reproducción total o parcial en cualquier formato.

Toda la información contenida en este libro se ha investigado cuidadosamente y se ha comprobado su exactitud. Sin embargo, el autor y el editor no garantizan, expresa o implícitamente, que la información contenida en este libro sea apropiada para cada individuo, situación o propósito y no asumen ninguna responsabilidad por errores u omisiones.

El lector asume el riesgo y la plena responsabilidad de todas sus acciones. El autor no será responsable de ninguna pérdida o daño, ya sea consecuente, incidental, especial o de otro tipo, que pueda resultar de la información presentada en este libro.

Todas las imágenes son de uso gratuito o han sido adquiridas en sitios de fotografías de stock o libres de derechos para su uso comercial. Para la elaboración de este libro me he basado en mis propias observaciones y en muchas fuentes diferentes, y he hecho todo lo posible por comprobar los hechos y dar el crédito que corresponde. En caso de que se utilice algún material sin la debida autorización, le ruego que se ponga en contacto conmigo para corregir el descuido.

La información proporcionada en este libro tiene únicamente fines informativos y no pretende ser una fuente de asesoramiento o análisis crediticio con respecto al material presentado. La información y/o los documentos contenidos en este libro no constituyen un asesoramiento legal o financiero y nunca deben utilizarse sin consultar primero con un profesional financiero para determinar qué puede ser lo mejor para sus necesidades individuales.

El editor y el autor no ofrecen ninguna garantía ni promesa sobre los resultados que puedan obtenerse al utilizar el contenido de este libro. Nunca debe tomar ninguna decisión de inversión sin consultar primero con su propio asesor financiero y realizar su propia investigación y diligencia debida. En la medida en que lo permita la ley, el editor y el autor renuncian a toda responsabilidad en caso de que la información, los comentarios, los análisis, las opiniones, los consejos y/o las recomendaciones contenidas en este libro resulten ser inexactos, incompletos o poco fiables o den lugar a pérdidas de inversión o de otro tipo.

El contenido de este libro no pretende constituir ni constituye un asesoramiento jurídico o de inversión, y no se establece ninguna relación abogado-cliente. El editor y el autor proporcionan este libro y su contenido "tal cual". El uso que usted haga de la información contenida en este libro es por su cuenta y riesgo.

ÍNDICE DE CONTENIDOS.

ÍNDICE DE CONTENIDOS. 4
INTRODUCTION. 6
LAS MEJORES FORMAS DE GANAR DINERO RÁPIDAMENTE EN UN MES. 8

    1. Venta de artículos usados. 8
    2. Telemarketing. 10
    3. Compraventa de casas. 14
    4. Escritura autónoma. 17
    5. Entrada de datos. 21
    6. Limpieza de oficinas a tiempo parcial. 23
    7. Publicidad en vehículos. 27
    8. Ganar dinero como afiliado en un mes. 29
    9. Recoger la basura en su barrio. 35
    10. Inmobiliaria. 37
    11. Marketing de productos digitales. 41
    12. Redacción de artículos. 45
    13. Voltear sitios web. 48
    14. Gráficos en línea. 51
    15. Ofertas de inscripción gratuita por correo electrónico. .. 54
    16. Negocio de limpieza de alfombras. 58

17. Escribir libros electrónicos. 62

18. Encuestas pagadas. 66

19. Comercio de divisas. 69

20. Creación de listas. 73

21. Fotografía. 80

22. Comunicado de prensa. 84

23. eBay. 88

24. Vídeos de marketing y sitios web de vídeo. 92

25. Empresa conjunta. 95

26. Subastas en línea. 101

27. Referencias. 103

CONCLUSIÓN. 105

INTRODUCTION.

Al entender cómo hacer mucho dinero rápidamente en un mes, usted puede sentarse en una pila de oro antes de que su vecino descubre su esquema.

Pasar tiempo en Internet le expondrá a muchas técnicas para ganar dinero rápidamente. Sin embargo, debe ser consciente de que estos enfoques son a menudo peligrosos. En algunos casos, también puede perder el contenido de su cartera. En tal circunstancia, pregúntese si vale la pena correr el peligro.

El mejor enfoque para aprender a ganar mucho dinero rápidamente es lanzarse al lago y mojarse los pies. Experimente con los métodos discutidos en este libro y vea si genera tanto dinero como dice. No sufrirá una pérdida significativa si fracasa porque es poco lo que está en juego. Sin embargo, imagine cómo serían sus finanzas si una de estas estrategias resultara ser un golpe maestro. Tenga en cuenta que cuanto más lo considere, más las evitará.

Hay innumerables ejemplos de este concepto en Internet. Puedes creer que algunos de ellos son inalcanzables. Sin embargo, ¿qué diablos? ¡Todavía puedes intentar conseguir millones de dólares!

Si necesitas dinero rápidamente en un mes, prueba lo que yo hice. Hoy estoy ganando más dinero que en mi anterior negocio, y tú también puedes hacerlo si lees este libro detenidamente.

¡Imagine triplicar su dinero cada mes con un riesgo insignificante o nulo! Lea los conceptos discutidos en este LIBRO para descubrir CÓMO puede comenzar a componer su capital hacia su primer millón de dólares utilizando las ideas fáciles de hacer dinero que se enumeran en él.

Comencemos.

LAS MEJORES FORMAS DE GANAR DINERO RÁPIDAMENTE EN UN MES.

1. Venta de artículos usados.

Tal vez la factura del cable de este mes sea más alta de lo habitual, o los gastos imprevistos han agotado sus finanzas. Sea cual sea el motivo, muchos de nosotros necesitamos unos cuantos dólares extra para aguantar hasta el día de pago. Cuanto antes podamos generar estos ingresos, mejor. La reventa de artículos de segunda mano puede ser una de las formas más sencillas de ganar dinero rápido. Sin embargo, hay otras opciones.

Es un error común pensar que la reventa no es una forma satisfactoria de ganar dinero; puede convertirse fácilmente en un flujo de ingresos continuo. Si es sincero, probablemente tenga muchos artículos que ya no utiliza. Sólo se requiere conocimiento, ambición y dedicación para tener éxito. Hacer una venta de garaje es probablemente uno de los métodos más sencillos para iniciar este proceso.

Si usted es como el resto de nosotros, su garaje está sin duda lleno de artículos innecesarios. No importa lo que sea o su condición. Te puede sorprender el número de personas interesadas en comprar tu cortacésped roto o tu libro agotado.

Una vez que te hayas deshecho de toda la basura valiosa, puedes empezar a asistir a otras ventas de garaje en busca de artículos comercializables. Mucha gente realiza ahora sus ventas de garaje en Internet, a través de sitios web como eBay, que te ponen en contacto con compradores de todo el mundo y casi te garantizan el éxito.

2. Telemarketing.

El telemarketing es una buena manera de ganar dinero fácil y rápido en un mes, suponiendo que la empresa sea legal y el propósito de las llamadas de telemarketing en particular, en lugar de simplemente llamar a números de teléfono al azar en su base de datos en un intento de vender algo.

El principal requisito para un ejecutivo de telemarketing es una buena capacidad de comunicación. Los recién licenciados con aptitudes para el idioma y una buena voz están muy solicitados en el sector del telemarketing. Por tanto, se trata de una carrera que la mayoría de los jóvenes desean.

Contratar a un candidato de telemarketing es bastante sencillo, ya que los procedimientos de solicitud, entrevista, selección e incorporación son sencillos y rápidos. Las recompensas monetarias del trabajo de telemarketing son razonables, incluidos los salarios y otras compensaciones y beneficios.

Por lo general, los trabajos de telemarketing implican cambiar de turno las 24 horas del día para adaptarse a las diferentes zonas horarias. Por lo tanto, los licenciados, en su mayoría hombres, que están dispuestos a realizar horarios nocturnos reciben otras compensaciones y beneficios. Esto supone una enorme ventaja para los recién licenciados que aprovechan la oportunidad con ambas manos.

Aunque hay muchos tipos de telemarketing, las ventas a comisión son las más populares, ya que ofrecen otros incentivos. A cada persona de la sección de ventas se le asigna un objetivo mensual o diario, que impulsa al empleado a trabajar para conseguir su objetivo.

El empleado recibe una importante comisión y un sueldo base si se alcanzan o superan los objetivos. Las ventas son el aspecto más difícil del telemarketing, pero muchos jóvenes de hoy en día, independientemente de su sexo, lo eligen por sus recompensas extremadamente atractivas.

Debido a la popularidad mundial de las oportunidades de telemarketing, las grandes empresas han empezado a subcontratar sus perfiles de telemarketing a centros de contacto especializados que se centran en la captación de clientes.

El hecho de que estas grandes empresas operen centros de llamadas bajo sus marcas mejora la credibilidad de los trabajos de telemarketing. Estos trabajos de telemarketing no son físicamente exigentes y no implican mucha tensión. Se trata de hablar con dulzura y conseguir nuevos clientes o retener a los antiguos.

La mayoría de los trabajos de telemarketing exigen al menos una licenciatura, por lo que hay muchos solicitantes. El sector del telemarketing se ha establecido firmemente en el mundo del marketing, relegando a la industria del marketing tradicional a un lejano segundo plano.

Esta industria ha producido una gran cantidad de conceptos novedosos. Los trabajos de telemarketing que pueden realizarse desde casa son la última tendencia que ha ganado popularidad. Estas oportunidades ofrecen a las mujeres y a las personas mayores un medio conveniente para ganar dinero desde la comodidad de sus hogares.

El telemarketing no sólo consiste en ganar dinero fácil y conseguir un trabajo rápidamente. Los perfiles de telemarketing son mucho más fáciles de conseguir que la mayoría de los demás; por ello, esta vocación sigue siendo la favorita de los jóvenes.

3. Compraventa de casas.

Muchas personas están interesadas en ganar dinero mediante la venta de casas. Cualquier cosa puede venderse para obtener un beneficio, no sólo las casas. Comprar una casa a un precio bajo y revenderla a un precio más alto a un comprador interesado es un método estupendo para generar dinero. El aspecto más crítico es localizar a un cliente que esté interesado y dispuesto a pagar lo suficiente para generar un beneficio.

En la actualidad, voltear casas es una forma lucrativa de generar ingresos. Muchas personas están interesadas en comprar a bajo precio y revender las viviendas para obtener beneficios a otros compradores. Esta es una forma de empleo a tiempo completo para un número sorprendente de personas. Ganan sustanciosas comisiones mensuales volteando casas.

Un aspecto negativo de esta industria es la intensa competencia y el riesgo inherente. A menudo, el vendedor que ha comprado una casa para revenderla debe mantenerla durante un largo periodo de tiempo debido a la falta de clientes. Rara vez pueden localizar a personas interesadas en adquirirles una vivienda.

Esto puede suponer importantes pérdidas para el revendedor o concesionario. Además, los revendedores deben mantener sus precios lo más bajos posible durante la intensa competencia para dar vuelta una casa rápida y fácilmente.

Existen muchas posibilidades para alcanzar el éxito en esta industria. Sin embargo, esto no implica que sea difícil ganar dinero volteando casas. Si se es estratégico y se está bien organizado, se puede ganar bastante dinero con esto.

- Los contratos de arrendamiento, los programas de alquiler con opción a compra, etc., son algunas opciones que pueden ayudarle a generar dinero rápidamente y atraer a posibles compradores.

- También debe identificar su mercado específico para funcionar más eficazmente tras las condiciones del mercado.

- Adquiera una vivienda que necesite reparaciones o esté incompleta. Esto es fácil y asequible y puede ayudarle a generar ganancias rápidas cuando las venda amuebladas.

- Sin embargo, en este caso, hay que prestar atención a la posición de la casa. La ubicación ideal de una propiedad puede ayudarle a venderla por un precio mayor.

En cada caso, debe tener suficiente experiencia en la inversión inmobiliaria. Además, debe evaluar los precios de las reparaciones y la redecoración con cuidado. Una vez más, subestimarlos podría acarrear pérdidas.

4. Escritura autónoma.

La lógica dicta que, como escritor autónomo, cuanto más escriba, más dinero ganará. Cuando se tiene la mentalidad adecuada, escribir más y ganar más dinero es sencillo.

Necesitas soluciones que te permitan componer durante tu tiempo de escritura designado.

He pulido mis procesos y sigo haciéndolo para escribir más y ganar más dinero. Mi objetivo es duplicar y, si es posible, cuadruplicar mis ingresos mensuales por escribir.

Usted debe hacer esto también. Eres un individuo con poderes y un límite de tiempo limitado. Crea un sistema que funcione bien para ti. Modifícalo a medida que escribas más y ganes más dinero con tus palabras.

Sin embargo, debes centrarte en tu forma de pensar antes de diseñar tu sistema.

Here are five recommendations to help you create the right mentality to increase or triple your monthly writing income:

Programe su tiempo - Una palabra a la vez; usted gana dinero.

Los objetivos están bien, pero no se pueden "hacer". Sólo puedes realizar tareas que contribuyan a la consecución de tus objetivos. Planifica cada tarea y cíñete al plan. Mis herramientas de planificación actuales son iCal en mi Mac y el programa web BackPack.

Sueña a lo grande: sólo puedes lograr lo que te propones.

Tus objetivos deben ser lo suficientemente ambiciosos como para intimidarte. A continuación, debe acostumbrarse a imaginar cómo será su vida después de alcanzar un determinado objetivo. Imagínese en este nuevo lugar.

Tu creatividad es imaginativa. Según los expertos en deporte, si puedes ver el éxito, puedes lograrlo. Por lo tanto, dedíquese diariamente a visualizarse como si hubiera alcanzado su actual Gran Sueño.

No se preocupe por cómo alcanzará el sueño. Descubrirás los medios a medida que tu imaginación dé vida a la visión.

Sigue ampliando tus objetivos, incluso después de haberlos alcanzado.

Una vez que te acostumbres a perseguir tu Gran Sueño y estés seguro de que lo alcanzarás, amplíalo. Debes construir objetivos más allá de tus objetivos. Si no lo haces, volverás a la rutina segura y poco exigente de antes de los objetivos.

Anticiparse a sentirse incómodo y confundido.

La confusión es positiva. Estás pasando demasiado tiempo en tu zona de confort si no pasas al menos una cuarta parte de tu tiempo desconcertado y preguntándote qué estás haciendo. Estarás desconcertado sobre los mercados, tu escritura y la forma de componer un proyecto. La confusión no sólo es positiva; es fantástica, ya que indica que has salido de tu zona de confort. Sigue escribiendo; lo que hoy te parece desconcertante se convertirá en rutina mañana.

Sólo hazlo - No discutas tu escritura.

Los escritores son propensos a la verborrea excesiva. Pedir seguridad o incluso presumir no supone ningún esfuerzo. Por desgracia, las personas a las que se pide consejo rara vez están cualificadas para proporcionarlo. Aunque tengan buenas intenciones, socavarán tus esfuerzos, y aquellos a los que presumas se convertirán rápidamente en tus enemigos; es la naturaleza humana.

Deja de hablar y empieza a escribir. Lo que importa es la escritura.

Así que ahí lo tienes: cultiva la mentalidad adecuada, y no sólo escribirás más, sino que duplicarás y triplicarás fácilmente tus ingresos mensuales.

5. Entrada de datos.

Las tareas de entrada de datos han evolucionado mucho con el tiempo. Muchos de los empleados disponibles actualmente en esta industria no son tradicionales y no requieren experiencia, como en los trabajos de entrada de datos. Estos trabajos rentables consisten en poner anuncios en Internet para promocionar negocios en la red.

Aunque estas vocaciones son cada vez más populares, mucha gente desconoce que existen. Son perfectas para las amas de casa y las madres que se quedan en casa por su flexibilidad y libertad. T Decenas de miles de negocios en línea recurren a estos mecanógrafos aficionados a diario y pagan bastante bien.

Los trabajos de envío de datos existen desde hace algunos años, pero los sistemas han evolucionado y mejorado considerablemente desde 2005. Cuando se busca este tipo de empleo, siempre es buena idea ir de compras, ya que algunas organizaciones utilizan métodos de formación obsoletos que no funcionan.

Las cosas cambian con el tiempo cuando se trata de marketing, y algo que funcionó el año pasado para usted puede no funcionar este año. Un recién llegado no lo sabría, por lo que es importante investigar antes de iniciar cualquier negocio en Internet. Encontrar una empresa de entrada de datos fiable es como encontrar una aguja en un pajar, pero si se descubre una, puede ser una profesión para toda la vida.

La entrada de datos no tradicional es la mejor opción para cualquiera que busque un ingreso a tiempo parcial o completo. Es la forma más sencilla de obtener unos ingresos relativamente rápidos por Internet sin necesidad de un sitio web. Se puede optar por trabajar desde unas pocas horas a la semana hasta muchas horas al día desde casa y seguir ganando un ingreso mensual decente.

6. Limpieza de oficinas a tiempo parcial.

Seguramente estarás de acuerdo en que el mejor trabajo del mundo sería aquel en el que trabajas para ti mismo, estableces tus horarios y ves cómo tu salario se duplica o se duplica cada año, pero ¿dónde y cómo empezar?

Crear una empresa de limpieza de oficinas. La navegación por Internet te abruma con opciones, la mayoría de ellas dudosas en el mejor de los casos. Sin embargo, puedes unirte a los que obtienen ingresos a tiempo completo con un trabajo a tiempo parcial sin el riesgo que conlleva.

Cualquiera puede limpiar, pero "conseguir las cuentas" es esencial. Antes de intentar conseguir su primera cuenta, debe tener los pocos bienes necesarios para limpiar una oficina y un contrato de servicio profesional. Este contrato debe especificar qué se va a limpiar, cómo se va a limpiar, cuándo se va a limpiar, etc., y el coste. No por horas, sino por proyectos.

Comprueba las normativas y ordenanzas estatales y locales para determinar si existen requisitos adicionales para el personal de limpieza/conserjería, como fianzas y licencias. El contrato debe contemplar la responsabilidad, los plazos de pago, la cancelación y otros aspectos legales. Hay muchos ejemplos de esto en Internet.

Ahora, consiga consumidores. Puedes empezar con simples anuncios en los clasificados locales o en folletos. Elabore un folleto atractivo y profesional con el nombre de su empresa, lo que va a realizar, su nombre (y si tiene fianza), la información de contacto y una declaración de que está dispuesto a ir al lugar para discutir sus necesidades y presentar un presupuesto.

Dirígete a los edificios y complejos de oficinas más pequeños. Pregunte a los directores de algunas oficinas si están satisfechos con la limpieza de su lugar de trabajo. Pregunte si existe un gestor del edificio y cómo puede ponerse en contacto con él. Haga esto con varias oficinas del inmueble para conocer mejor el rendimiento del servicio de limpieza existente.

A continuación, diríjase al gestor y solicite una conversación o una cita. Lleve a la reunión su folleto, tarjeta de visita y carta de presentación. Después de conseguir unos cuantos clientes, querrá incluir una lista de referencias y testimonios.

Una vez que tenga unos cuantos clientes satisfechos, puede solicitar testimonios y recomendaciones. Asegúrese de que son fiables, están en condiciones de prestar servicios y trabajan de forma rápida y asequible. A medida que su empresa se expanda, necesitará ayuda.

Asegúrese de estudiar lo que debe hacer como empleador, incluidos los impuestos, la compensación de los trabajadores, etc. Además, prepare un plan de respaldo en caso de que uno o varios de sus empleados se ausenten una tarde. Por otra parte, puedes quedarte pequeño y depender enteramente de ti mismo y de tu familia.

La limpieza de oficinas a tiempo parcial puede proporcionarte el otro dinero que necesitas. Se trabaja por las tardes durante unas horas y se puede cobrar diaria, semanal o mensualmente. Es un método relativamente rápido, de bajo coste y fácil de crear más ingresos. ¡Pruébalo!

¡Cuanto antes empieces, antes ganarás dinero extra en un mes! Kate Carpenter ha estado limpiando lugares de trabajo durante más de diez años y ha aumentado sus ingresos anuales en decenas de miles sin invertir mucho tiempo ni dinero. La limpieza de oficinas es una de las mejores y más sencillas formas de ganar dinero:

7. Publicidad en vehículos.

Durante el verano, todo el mundo busca formas de ganar dinero rápido. No hay necesidad de conseguir un trabajo o aprender una nueva habilidad cuando la publicidad en el coche puede proporcionar dinero rápido. Gracias a una nueva y revolucionaria forma de publicidad, las empresas te pagan por poner anuncios en tu vehículo.

¿Quiere o necesita un coche pero no tiene uno? Las empresas están dispuestas a comprar automóviles nuevos con anuncios previamente aplicados para que los conduzcas. Sólo tienes que pagar la gasolina y el seguro.

No hay condiciones, sólo dinero duro. Sólo se requiere que realices tus actividades diarias. Normalmente, hay que recorrer entre 200 y 300 millas al mes, pero esto se consigue fácilmente conduciendo al trabajo, al centro comercial o a cualquier otro lugar. Esta es la condición principal y se satisface fácilmente, permitiéndole recibir una cantidad sustancial de dinero rápido cada mes.

Antes de contratar una empresa, debes verificar que su página web es legítima. Muchos sitios web anuncian ingresos absurdos, como 6.000 dólares al mes. No recibirá BMWs o Corvettes, sino un automóvil nuevo.

Por lo general, el promedio de dinero mensual está entre 600 y 800 dólares. Esto depende del coche que tengas, de la densidad de población de tu ciudad y de la media de kilómetros que recorras cada mes.

Sin embargo, esto es sólo dinero temporal que recibirás cada mes. Si tienes un camión enorme, reciben bastante más, entre 2.000 y 3.000 dólares al mes si todo el vehículo está asegurado.

8. Ganar dinero como afiliado en un mes.

La generación de ingresos en línea se ha hecho muy popular en todo el mundo. Dado que millones de personas utilizan Internet para buscar productos y servicios, muchas empresas y particulares han trasladado sus operaciones a la red. Al mismo tiempo, muchos usuarios buscan oportunidades para ganar dinero de forma rápida y cómoda. ¿Estás buscando estos conceptos? Aquí aprenderá cómo ganar dinero en un mes.

En realidad, hacer dinero en línea no es tan simple, pero hay algunos secretos raros para hacer dinero que pueden dar resultados notables rápidamente. Esto es lo que la mayoría de la gente desea.

En su búsqueda de un método viable para generar dinero en un mes, debe darse cuenta de que debe replicar las acciones de miles de personas. Sin embargo, usted puede amasar una enorme riqueza en un mes porque debe aplicar la técnica de manera diferente. Como descubrirás en esta sección, la diferencia es típicamente modesta pero puede impactar significativamente en tu vida.

Ahora, el concepto fundamental es el marketing de afiliación. Si te frustras en este momento porque estás leyendo sobre un tema muy saturado, te perderás el pensamiento único que sigue. Si revelar cómo ganar dinero en un mes es su objetivo final, debe elegir este plan de negocios.

Estas son las medidas sencillas y eficientes que debes tomar para obtener grandes ingresos en un mes:

Investiga un nicho rentable y registra un nombre de dominio pegadizo y rico en palabras clave. Elija entre la extensión.com o la.info. Debería elegir la extensión.com porque parece más profesional y genera más clics que otras extensiones. Un nombre de dominio no debería superar los 125 dólares anuales.

Utilizando su nicho elegido como guía, busque un producto que ofrezca una alta comisión por los clientes potenciales generados a través de su enlace de afiliado. El éxito pasa por seleccionar el nicho más lucrativo con una alta tasa de conversión. Por lo tanto, localice una red de CPA (coste por acción) de buena reputación y cree una cuenta de afiliado.

¿Por qué debería promocionar ofertas de coste por adquisición en lugar de ofertas de pago por venta?

Recuerde que la respuesta a cómo ganar dinero en un mes es permanente. En el marketing de afiliación CPA, no hay necesidad de preocuparse por las devoluciones de cargos o reembolsos, ya que los clientes potenciales que usted produce no están obligados a pagar nada.

Una vez que los clientes potenciales proporcionan su información de contacto en la página de compresión, se añadirán a la lista de correo del negocio que está comercializando, y usted recibirá comisiones por las entradas exitosas.

Una segunda razón por la que las ofertas CPA son un método maravilloso para empezar con el marketing de afiliación es que muchas personas buscan ofertas gratuitas. Por lo tanto, se inscribirán para ellos fácilmente en las páginas de apretón.

Debes tener cuidado con los estafadores cuando busques ofertas CPA en tu nicho. Además, no todas las auténticas son rentables. Puedes necesitar probarlas enviando tráfico a cada una de ellas hasta que encuentres la oferta más ventajosa.

Como bloguero, necesitas insertar tus enlaces CPA en las entradas de tu blog. También puede utilizar los banners pertinentes. Simplemente configure la redirección de URL desde el panel de control de su cuenta de dominio si desea utilizarla. Redirige el enlace de afiliación a la página de aterrizaje del producto. A diferencia de los blogs, sólo se permite un enlace.

Los métodos de marketing PPC son el enfoque más rápido para generar ingresos de un producto o servicio. Por lo tanto, si tiene la intención de comercializar dos o más ofertas de CPA, debe registrar nombres de dominio únicos. Si consigue una oferta extremadamente lucrativa, debería poder arreglárselas con una sola. Busque la manera de promocionarla mediante anuncios contextuales o gráficos.

El siguiente paso esencial es generar tráfico dirigido a su(s) enlace(s). Sin tráfico, la conversión es imposible. Es posible generar tráfico de una o varias de las siguientes maneras:

- Utiliza los motores de búsqueda PPC y las redes PPV como fuentes de tráfico dirigidas. ¡Elija entre Adwords, anuncios de MSN y marketing de búsqueda de Yahoo!
- Publique vídeos en línea.
- Publique anuncios clasificados, especialmente en sitios que hayan sido redirigidos. Por motivos de SEO, debe minimizar el uso de sitios clasificados en su blog. En su lugar, utilice subdominios.
- Utilice grandes artículos para promover su(s) enlace(s) de afiliación.

Después de establecer una campaña de marketing exitosa para una oferta de CPA, puede pasar a la promoción de otra.

Las técnicas descritas anteriormente deberían haber respondido a su pregunta sobre cómo crear dinero en un mes. La clave es determinar lo que los individuos exitosos hacen y construir sobre ella. Vaya ahora por su fortuna!

9. Recoger la basura en su barrio.

Cómo ganar dinero rápidamente limpiando el barrio: El plan es conseguir cubos de basura de tipo comercial. Sí, esta empresa gana dinero con los residuos.

Después de comprar los cubos de basura, los instalará en zonas de gran actividad peatonal. Esto se debe a que vende espacio publicitario en estos cubos por unos 50 dólares al mes. No se beneficia de la basura en sí, pero cada persona que utiliza sus cubos de basura equivale a depositar un dinero en su cuenta bancaria.

El objetivo es tener MUCHOS cubos. Entre 100 y 500, por ejemplo. Si quiere que esto sea una operación de manos libres, debe pedir a los propietarios de la empresa que vacíen estos cubos de basura cuando sea necesario. Puede utilizar una parte de los ingresos generados por cada cubo para cubrir los demás costes de mano de obra. Esto ayudará a limpiar la zona y le permitirá obtener beneficios de sus esfuerzos.

Además, si cree que la publicidad en todos estos cubos de basura sería desagradable para los espectadores, puede vender el espacio publicitario como un patrocinio, pidiendo a las empresas que patrocinen un cubo de basura y solicitando a los espectadores que apoyen a nuestros patrocinadores. De este modo, las empresas colaboran en la limpieza de la ciudad, y los ciudadanos son conscientes de que se necesita creatividad para ello.

10. Inmobiliaria.

Hay muchas formas de ganar dinero rápido en el sector inmobiliario. Las compras de propiedades en dificultades, como las ventas al descubierto, las casas propiedad de los bancos y las ejecuciones hipotecarias, son las más frecuentes. Estas propiedades son ideales para rehabilitarlas, voltearlas y venderlas al por mayor.

La compra de propiedades embargadas ha ascendido rápidamente a la cima de las inversiones inmobiliarias lucrativas. Estas propiedades se venden en subastas públicas. La mayoría requieren reparaciones y renovaciones. Muchos tienen embargos fiscales o de acreedores. En ocasiones, los propietarios permanecen en sus casas hasta que son desalojados por la subasta.

Los inversores deben realizar una investigación adecuada para identificar el coste exacto de la compra de propiedades embargadas. La eliminación de los embargos o el desalojo de los antiguos propietarios puede ser una tarea larga y costosa. Sin embargo, si la casa ha estado vacía durante meses y no hay embargos conectados, las propiedades embargadas podrían ofrecer un retorno de la inversión decente.

Cuando no se reciben ofertas en una subasta de casas embargadas, la casa se devuelve al prestamista hipotecario. Los inversores deben ahora tratar con el departamento de mitigación de pérdidas del banco para adquirir la propiedad.

Normalmente, los inmuebles propiedad de los bancos tienen un precio más elevado que las casas embargadas. Sin embargo, una vez que los bancos recuperan la posesión de la propiedad, pueden negociar con los titulares de los embargos para eliminarlos. El banco gestiona el proceso de desahucio si el propietario reside en la residencia.

Como se venden con un título limpio, las propiedades propiedad del banco suelen costar menos que las propiedades embargadas. Los inversores pueden tomar rápidamente posesión de la propiedad y renovarla para revenderla o alquilarla.

La venta al por mayor de inmuebles es una de las mejores formas de conseguir dinero rápido. Los inversores compran viviendas a precios inferiores al valor de mercado. Esto se puede conseguir comprando bienes inmuebles testamentarios o carteras bancarias que contienen muchas propiedades.

Los mayoristas venden las propiedades en su estado actual. No realizan reparaciones en las viviendas. En su lugar, adquieren viviendas que necesitan ser renovadas, que luego revenden para obtener un beneficio. Los márgenes de beneficio de entre el 10 y el 40 por ciento por propiedad son típicos de los distribuidores inmobiliarios.

El "house flipping" consiste en descubrir propiedades con un precio drásticamente inferior al valor de mercado, rehabilitarlas y venderlas para obtener un beneficio. Históricamente, el cambio de casa era la estrategia más popular para ganar dinero rápido en el sector inmobiliario. Con la actual crisis económica, los inversores deben sopesar cuidadosamente las ventajas e inconvenientes de esta estrategia.

Para tener éxito en el cambio de casa, los inversores deben establecer una sólida red de compradores. Esto puede lograrse, en parte, uniéndose a clubes inmobiliarios. Los clubes de inversión son un lugar excelente para encontrar compradores cualificados y descubrir consejos, métodos y técnicas exclusivas. Los clubes de inversión ofrecen muchas opciones para encontrar asociaciones y socios comerciales.

Estas son algunas opciones para construir una sólida empresa de inversión inmobiliaria que pueda proporcionar ingresos residuales y beneficios continuos. Internet, la creación de redes y la suscripción a revistas y boletines de inversión inmobiliaria ofrecen una gran cantidad de información a los inversores que desean ampliar sus conocimientos.

11. Marketing de productos digitales.

La venta de artículos digitales, como informes, archivos de audio, archivos de vídeo y libros electrónicos, es una excelente posibilidad. Esto tiene la enorme ventaja de no requerir ningún inventario; sólo hay que invertir tiempo y dinero en generar la copia inicial, después de lo cual es una fuente de dinero gratuita. Estos pueden crear ingresos de dos maneras:

La primera es a partir de la venta del propio producto o de una suscripción al mismo. Esto producirá ingresos por venta o cada mes.

La segunda no tiene por qué ser excluyente, ya que los libros electrónicos y los informes pueden contener enlaces de afiliación. Si un cliente compra su producto y hace clic en un enlace para comprar un producto recomendado, usted también recibirá una comisión.

Este mercado es extremadamente lucrativo, y los productos digitales son cada vez más competitivos. He aquí algunas sugerencias para obtener una ventaja sobre la competencia:

Elija algo que le apasione, algo para lo que tenga aptitudes. Si le gusta un tema, en primer lugar debe tener amplios conocimientos sobre él.

Si te interesa la astrofísica, puedes aprender sobre los planetas, el sistema solar, astrofísicos históricos como Kepler y Newton, etc.

En segundo lugar, sé preciso con tu material. Para tener éxito en el marketing online, debes dar información relevante y valiosa. Asegúrese de investigar su propiedad y de hacer referencia al material de otras personas en las citas. Copiar a las personas puede ser arriesgado si están utilizando la información equivocada.

Tercero, no te salgas del tema. La gente que lea tu información querrá saber qué es lo que les ha atraído a leer.

Volviendo al ejemplo de la astrofísica, suponga que su información se titula Fundamentos de la astrofísica. Piensa en qué preguntas harías a nivel básico, por ejemplo.

- ¿Cuáles son los planetas de nuestro sistema solar?
- ¿Cómo se formó exactamente el sistema solar?
- ¿Qué influencia tiene la gravedad en el sistema solar?

A menos que el título lo indique, no incluya teoría e información que la mayoría de la gente pueda comprender. Lo último que quiere es que alguien que busque información se tropiece con una página con información mucho más avanzada de lo que puede manejar; sin duda le ahuyentará por completo de su sitio.

Las personas pueden clasificar la información de manera más eficiente si se pone la información sobre cada tema en un libro electrónico o un documento separado.

Si das algo gratis, la gente está mucho más inclinada a quererlo, incluso si contiene un enlace a un producto que pueden comprar. De este modo, la gente leerá su material y, si es bueno, desarrollará confianza en usted y será más probable que compre el producto recomendado.

Los productos digitales en el marketing de Internet pueden ser difíciles, pero si los dominas, es un enfoque muy lucrativo para ganar dinero rápidamente en línea.

12. Redacción de artículos.

Muchas personas desean aprender a ganar dinero produciendo artículos. Normalmente, les aconsejo que creen uno o más artículos diarios durante al menos tres meses para obtener ingresos significativos a largo plazo.

Pero, ¿qué pasa con aquellos que no buscan una ganancia financiera sustancial a largo plazo?

¿Están de suerte si desean ganar unos cientos de dólares rápidamente?

Ni siquiera cerca Si eres competente escribiendo artículos, es extremadamente fácil generar dinero rápidamente en Internet.

Utilizo Digital Point y Warrior Forum como ejemplos de foros enormes en mi campo. Una vez allí, navegue hasta los foros de discusión de marketing general. Ofrézcase a escribir artículos para ayudarles a publicitar su producto si tienen dudas sobre el marketing de productos. Luego, publique uno o dos mensajes en cada foro ofreciendo escribir artículos para otros.

Usted no se hará rico usando este método. Sin embargo, usted declaró que simplemente deseaba unos cientos de dólares, ¿correcto? La mayoría de las personas pagarán entre 4 y 5 dólares por cada artículo, dependiendo de su longitud, calidad, etc.

Si usted tiene experiencia, es probable que pueda componer un artículo de 400 a 500 palabras en aproximadamente 30 minutos. Por lo tanto, puedes crear cuatro artículos cada día con relativa facilidad. Utilizando la estimación más baja de 4 dólares por artículo, ganará aproximadamente 480 dólares al mes utilizando este método.

Para ganar dinero rápidamente produciendo artículos, los foros son su mejor apuesta. Esta estrategia tiene la ventaja añadida de permitirle determinar sus condiciones. Si un cliente requiere diez artículos, puedes escribir cinco el primer día y solicitar el pago parcial o total a la entrega. Sin embargo, en la mayoría de los casos, a las personas les gusta comprobar los artículos antes de realizar el pago.

Si no le gusta pasar tiempo en los foros, puede recurrir a una de las muchas empresas de Internet que pagan por los artículos. Sin embargo, no ganará mucho más con estas organizaciones, ya que reciben una parte de sus ganancias por cada transacción que realice. Como estas empresas emplean a muchos autores, no ganarás mucho dinero rápidamente.

13. Voltear sitios web.

La conversión de sitios web y blogs es un método para ganar dinero en Internet que requiere una inversión inicial de tiempo y dinero; sin embargo, puede obtener beneficios de la conversión de sitios web.

Al voltear sitios web, debe emplear un enfoque gradual para ganar dinero. Hay muchas consideraciones técnicas y habilidades especializadas que se requieren para voltear sitios web. Usted puede seguir una estrategia que crea un mini-sitio web rápido y sucio y convertir los ingresos instantáneos en cuestión de horas. Después de seguir los procedimientos, es bastante sencillo empezar a voltear sitios web.

Aquí hay una muestra del manual que contiene información e instrucciones de la A a la Z, que presenta al experto en Internet y flipper Mr. X demostrando el sistema completo. Puede ver todos los eventos en tiempo real.

A partir de ahora, conocerá a fondo los métodos necesarios para generar ingresos mediante la venta de sitios de Internet. Aquí se describe un sistema sencillo.

- Cómo identificar nuevos temas y obtener correos electrónicos gratuitos para otra información.
- Cómo identificar las palabras clave adecuadas para su nicho de forma gratuita - Cómo elegir los temas y evitar áreas temáticas específicas.
- Conocimiento de la investigación de Google y MSN y cómo darla.
- Determinar los procedimientos para la compra de nombres de dominio y los elementos esenciales asociados a los nombres.
- Estudio de alojamiento gratuito utilizado para el volteo de sitios web.
- Cómo localizar el SEO y conducir a los visitantes a sus sitios web.
- Recibir plantillas de sitios web sin costo que no requieren conocimientos de codificación. - Aprenda cómo adquirir el contenido del sitio sin crear las frases usted mismo.

- Tres elementos esenciales para monetizar su sitio web.
- Adquirir una estrategia para aumentar los beneficios de 300 a 30.000 dólares en seis meses - Vender su sitio web aunque no haya obtenido beneficios - Consejos para la venta en subasta de sitios web y blogs.

¿Por qué no probar la venta de sitios web? Puede ser una forma rentable de ganar dinero rápido en un mes.

14. Gráficos en línea.

Ya no son sólo los fotógrafos profesionales con equipos de miles de dólares los que pueden tomar fotografías impresionantes. Muchas personas pueden ahora tomar excelentes fotografías con una simple cámara de teléfono o una DSLR de alta resolución. Puedes generar ingresos pasivos en línea si eres fotógrafo o te gusta hacer fotos.

Algunos sitios web le permiten publicar sus fotografías en cualquier formato y con cualquier alteración. Al subir las imágenes, has concedido a otros en línea el permiso para utilizarlas. Evita utilizar personas o lugares concretos en los que aparezca tu dirección u otra información sensible.

Una vez que una persona compra una fotografía, es libre de utilizarla como quiera; por lo tanto, no querrás que tu información personal se distribuya en línea.

Los usuarios suelen pedir imágenes de objetos como árboles, señales de tráfico, puestas de sol, muebles, animales, etc. Puede desarrollar un nicho en estos sitios de fotos en línea si se especializa en fotografías y tiene una amplia colección de variaciones únicas del mismo objeto.

Los usuarios que trabajan en un sitio web pueden desear incluir una imagen estática en su página de inicio o en otras páginas. En lugar de visitar el negocio o comprar el equipo necesario para tomar fotografías de alta calidad, pueden adquirir las suyas en línea.

La mayoría de los sitios web cobran una tarifa razonable, lo que permite a los visitantes comprar varios artículos sin dudarlo. Tras el pago, el cliente puede guardar las imágenes en su archivo para utilizarlas cuando sea necesario. Muchos creadores de sitios web tienen una colección de fotografías que les gustan y, una vez que las encuentran, las compran en lugar de olvidar dónde se encuentran en línea.

Estos sitios web para compartir fotos generan dinero pasivo para los fotógrafos que suben imágenes. Una vez cargada, su imagen será accesible a millones de usuarios que pueden requerirla y apreciarla. Si veinte personas se descargan tu imagen cada mes y el sitio web te compensa por cada descarga, no te harás rico, pero tendrás ingresos.

Quieres que tu trabajo sea visto, y todo fotógrafo profesional o aficionado tiene fotografías que estaría dispuesto a vender por un dinero extra. Cuantas más imágenes distribuya, mayor será la probabilidad de que se utilice su contenido y recibirá dinero pasivo de forma más constante. Estos ingresos pasivos pueden reinvertirse en tu fotografía, lo cual es un método fantástico para compartir tu trabajo con el mundo.

15. Ofertas de inscripción gratuita por correo electrónico.

Gané 30 dólares en cuestión de horas haciendo varias encuestas gratuitas tediosas y suscripciones de correo electrónico en un sitio que paga por las encuestas y las ofertas. En pocas palabras, gané dinero gratis rellenando unos cuantos formularios utilizando una dirección de Gmail diferente para no interferir en las comunicaciones esenciales.

El método:

Encuentra un sitio web de encuestas/ofertas pagadas y regístrate con tus datos genuinos (para que puedan pagarte, normalmente por PayPal).

Registra una nueva o varias direcciones de correo electrónico que quieras utilizar sólo para las encuestas y ofertas.

Selecciona una encuesta u oferta de la lista del sitio web que te interese o que parezca ser la más rápida de terminar.

Si te lo piden, rellena la encuesta u oferta gratuita con tus datos reales (yo uso un número de teléfono falso, pero nunca he recibido ningún correo basura con mi dirección real)

Apúntate a un boletín de noticias, participa en un sorteo de dinero gratis y regístrate en un foro.

Te pueden preguntar sobre tus hábitos de compra, tus juegos de ordenador favoritos, etc.

Recoge tu recompensa en el sitio de Encuestas/Ofertas.

En unas pocas horas, puedes ganar 30 dólares si completas esta tarea por cada una de las interminables ofertas que ofrecen.

Ocasionalmente, si invitas a tus amigos a unirse, también recibirás una parte de sus ganancias, así que si te cansas de completar ofertas, tus amigos pueden hacer el trabajo por ti.

¿Cómo funciona?

Es un asunto sencillo. La empresa A desea realizar una encuesta o anunciar un producto gratuito. Llama a un sitio web de dinero por encuestas/ofertas y les dice que pagará una pequeña cuota si los individuos se unen o terminan una encuesta a través de su sitio. El sitio rentable A acepta la oferta y la publica en su sitio web. Usted termina la oferta en el sitio web de la empresa. Ellos reciben la compensación y te distribuyen una parte.

La empresa A se alegra de que alguien haya participado en una encuesta u oferta. El sitio rentable A está satisfecho porque ha recibido una compensación por referirte, y tú estás satisfecho porque te han dado parte del dinero.

Esta estrategia suele pasarse por alto debido a su sencillez, pero genera unos ingresos mensuales considerables.

La mayoría de los sitios aceptan PayPal o le enviarán un cheque por correo si su saldo alcanza los 25 dólares, lo cual es sencillo de conseguir en un día.

16. Negocio de limpieza de alfombras.

La empresa de limpieza de alfombras y moquetas es una de esas pequeñas empresas con tarifas de inicio relativamente baratas y fuertes posibilidades de crecimiento a lo largo del año.

Hay tres áreas de medición diferentes que deben examinarse al analizar una oportunidad de negocio:

1. La relativa facilidad de entrada en el mercado: ¿puede eliminar a la competencia con un servicio superior y estrategias de marketing de bajo coste?

2. Los costes de puesta en marcha en relación con las posibilidades de beneficio: ¿existe un punto de equilibrio cómodo que permita un flujo de dinero positivo a lo largo de la fase de puesta en marcha?

¿Qué tipo de rendimiento puedo esperar de mi inversión en la empresa a lo largo del tiempo? ¿En cuánto tiempo puedo recuperar mi capital?

Aunque hay costes asociados a todo negocio, si sigue unas sencillas recomendaciones, puede generar rápidamente beneficios en el sector de la limpieza de alfombras.

Su enfoque empresarial y de marketing debe centrarse en satisfacer las demandas de sus clientes y convertirlos en seguidores comprometidos.

Sus clientes fieles deben estar debidamente capacitados para recomendar su empresa a sus amigos.

Estas cinco áreas vitales que hay que tener en cuenta a la hora de lanzar un nuevo servicio de limpieza de alfombras son, en realidad, habilidades de marketing y gestión de pequeñas empresas que todo propietario de un negocio debe dominar. Si se toma el tiempo necesario para preparar su negocio para el éxito, podrá alcanzarlo.

Con la formación adecuada, puede tomar un pequeño servicio de limpieza de alfombras y duplicar sus ingresos en un año aplicando unos pequeños cambios. La gente está dispuesta a pagar por servicios que están demasiado ocupados o que son ineptos para realizar ellos mismos. Les permite seguir adelante con sus vidas y dedicarse a sus pasiones.

A cambio, te compensarán adecuadamente por tu trabajo continuado. Mejora a medida que se añaden nuevos servicios a la lista en función de los comentarios de los clientes y de las actualizaciones de los paquetes. El valor de por vida de tus clientes puede empezar a aumentar a medida que diversificas tu oferta de productos.

Recuerde que un tercio de los ingresos de la mayoría de las empresas de limpieza de alfombras con éxito proviene de clientes recurrentes. Por tanto, los métodos de marketing de recomendación son esenciales para la rentabilidad a largo plazo.

Recuerde que si sigue los consejos de los profesionales experimentados del servicio de limpieza de alfombras, tendrá una base sólida para dirigir un negocio rentable. El enfoque es idéntico al de una franquicia, pero sin las decenas de miles de dólares que requiere. Puede montar su empresa y empezar a ganar dinero en el primer mes.

17. Escribir libros electrónicos.

La creación y venta de libros electrónicos es una de las formas más populares de generar dinero en Internet. Muchas personas de todos los ámbitos se ganan la vida produciendo y vendiendo ebooks en Internet.

La gente está dispuesta a pagar por información que los haga más prósperos, conocedores y contentos. Cada día, muchas personas exploran Internet en busca de información que mejore sus vidas.

Si tiene un ordenador con conexión a Internet, puede producir fácilmente su libro electrónico y ganar mucho dinero vendiéndolo en línea.

El marketing de libros electrónicos es un método exitoso y entretenido para ganar dinero en línea y trabajar desde casa. Es una empresa que permite a los empresarios con un capital limitado lanzar una empresa rentable.

Usted no está obligado a tener existencias. Su producto está en formato digital. Por lo tanto, no requiere ningún espacio de almacenamiento.

Los clientes pueden descargar los libros electrónicos directamente de Internet. Por lo tanto, no hay gastos de envío. Los clientes lo reciben rápidamente tras descargarlo de su sitio web.

Puede vender cantidades ilimitadas de su libro electrónico sin agotar las existencias. Simplemente almacena una única copia en su sitio web, y los clientes pueden descargar su libro electrónico rápidamente después de completar su compra.

Puede desarrollar un libro electrónico vendible sobre cualquier tema, siempre y cuando entienda el tema a partir de la experiencia personal, el estudio o ambos.

Decida primero sobre qué va a escribir. Debe seleccionar un tema oportuno. No puede escribir simplemente sobre cualquier cosa y esperar hacerse rico. Debe tener un producto o servicio que la gente desee y esté dispuesta a pagar.

Debe realizar un estudio de mercado para determinar si existe una demanda para el tema que tiene en mente. Esto es esencial. No querrá invertir tiempo, dinero y esfuerzo en generar un libro electrónico sin éxito. Muchas herramientas pueden ayudarle a determinar si su producto se venderá.

Después de determinar que su producto tendría éxito, es el momento de producir el libro electrónico, el sitio web y la carta de ventas. A continuación, debe seleccionar un alojamiento web. Un alojamiento web es un servicio que ofrece los servidores en los que reside un sitio web.

Usted debe informar a la gente acerca de su libro electrónico. Por lo tanto, debe hacer publicidad. La publicidad es esencial para el éxito de su negocio. Puede promocionar su libro electrónico mediante revistas electrónicas, foros en línea, anuncios de pago por clic, creación de artículos, blogs y listas de motores de búsqueda, entre otros canales. Una vez que su sitio web esté activo, estará listo para empezar a atraer visitantes.

Hoy en día, la venta de conocimientos en formato de libro electrónico es una de las empresas más fascinantes y lucrativas. Esta industria ha hecho que muchas personas sean muy prósperas. Usted también puede generar altos ingresos en este mercado multimillonario. Todo lo que necesita es la información correcta sobre cómo hacerlo y el deseo de seguir algunas pautas fáciles.

Después de haber hecho su primer libro electrónico, usted encontrará que la generación de su segundo y muchos más se hace más y más fácil, y dentro de unos meses, usted podría tener muchos libros electrónicos, cada uno haciendo dinero para usted mes tras mes, año tras año.

18. Encuestas pagadas.

Las encuestas pagadas son un método por el que puedes ganar dinero completando algunas de las encuestas online disponibles. Esta es una de las formas más efectivas y sencillas de ganar dinero online. Si necesitas un dinero extra mensual, puedes unirte a algunos sitios de encuestas en línea y seguir sus instrucciones para ganar dinero en línea.

Completar estas encuestas ya no requiere experiencia o conocimientos, por lo que cualquiera puede unirse a estos sitios y ganar dinero. Esta es la mejor oportunidad para ganar dinero en línea en tan poco tiempo. Sin embargo, esto no es para ti si pretendes hacerte rico completando encuestas pagadas.

Las encuestas pagadas no pueden resultar en riqueza con el tiempo. Sin embargo, es una gran oportunidad para ganar dinero extra en línea cada mes que puede ser utilizado para otras necesidades. Estas encuestas pueden ser entretenidas y no requieren mucho tiempo. Puede completarlas en unos minutos y recibir fondos adicionales.

Pero antes de comenzar a participar en estas encuestas pagadas en línea, debe tomar algunas precauciones para evitar perder dinero.

- En primer lugar, debe buscar los sitios de encuestas más fiables y gratuitos. Muchos sitios nuevos le cobran por unirse y ofrecen pagarle una cantidad considerable por cada encuesta que complete. Estos sitios web son probablemente fraudulentos y deben ser ignorados.

- A continuación, debe buscar un sitio de encuestas pagadas que le ofrezca más encuestas mensuales. Estos sitios deberían hacerte ganar un mínimo de 50 dólares cada mes. Puede haber un gran número de sitios web que no ofrecen muchas encuestas. Además, algunas empresas sólo pueden proporcionarle 1-2 encuestas cada mes. Estos sitios web pueden no ser de mucha ayuda para usted. Por lo tanto, debes evitarlos.

- Además, debe elegir un sitio de encuestas pagadas en línea que esté bien establecido y tenga buena reputación. Un sitio web bueno y de buena reputación siempre le ayudará a generar dinero rápidamente, y tendrá la menor posibilidad de ser estafado.

- Asegúrese de que siempre se registra en estos sitios web utilizando una dirección de correo electrónico como Yahoo o Gmail. No debe utilizar la dirección de correo electrónico de su sitio web ni su dirección de correo electrónico. Esto puede comprometer su privacidad. Por lo tanto, debe evitar hacerlo.

Con estas y otras técnicas, puedes simplemente ganar dinero online y mantener los ingresos adicionales en tus bolsillos. Además, puedes pagar otras cuotas mensuales que pueden ser difíciles de pagar a final de mes.

19. Comercio de divisas.

He aquí un ejemplo de cómo puede beneficiarse del comercio de divisas aunque sólo gane el 40% de sus operaciones.

Vamos a crear una situación de comercio.

Supongamos que llega a la siguiente conclusión:

Usted hará negocios de lunes a viernes.

Prevé perder el 60% de sus operaciones y ganar el 40%.

Usted busca el riesgo:

Una relación riesgo-recompensa de 1,0: 2,0 (es decir, puede anticipar que recibirá 2 dólares por cada 1 dólar que arriesgue).

Operarás en una microcuenta valorada en 300$.

No arriesgará más del 2% en ninguna operación ni 6 dólares inicialmente.

Con una microcuenta, arriesgar 6 dólares (o el 2% de su cuenta) le permitirá establecer stops de pérdidas de 60 pips, lo que aumenta la probabilidad de una operación exitosa. Además, según nuestra relación riesgo-recompensa, su objetivo será ganar 12 dólares por cada 6 dólares que arriesgue.

Veamos cómo resulta este ejemplo de comercio de divisas.

El 40% de los 20 días de negociación de cada mes (ya que operamos de lunes a viernes) da lugar a beneficios (8 días de negociación). Durante los doce días restantes, se prevé que se produzcan pérdidas. El escenario de ganancias/pérdidas para el mes completo de operaciones sería el siguiente

GANANCIAS: 96 DÓLARES PÉRDIDAS: 72 DÓLARES GANANCIA NETA: +24 DÓLARES ROI: +8%.

Esta ganancia neta de 24 dólares en una cuenta de 300 dólares representa un ROI del 8% para todo el mes. Ahora, usted puede considerar que 24 dólares es una cantidad pequeña. Ese es el caso. Sin embargo, mire más allá del valor monetario y considere lo que ha logrado.

Un rendimiento mensual del 8% equivale a un ROI anual del 96%, duplicando aproximadamente su dinero cada año. Compárelo con el minúsculo 2% o 3% que le paga anualmente su amable banco local.

Aunque pierda el 60% del tiempo en el mercado de divisas, es factible esperar un 8% de beneficios en cualquier mes.

Incluso si sólo operara durante un mes por trimestre, seguiría obteniendo una rentabilidad anual del 32%.

Esto es algo que merece la pena observar. Mire más allá de los dólares y centavos reales, ya que una microcuenta está destinada a ayudarle a mejorar. Se trata de perfeccionar sus habilidades de trading y de expandirse. Una vez que consigas alcanzar con regularidad los rendimientos mensuales deseados, podrás pasar a una cuenta estándar o micro y generar enormes ganancias de capital.

Ejemplo: convertirse en un excepcional operador de Forex ante todo. Practica en cuentas demo, opera con dinero real en cuentas micro y/o mini si eres capaz, y perfecciona tus habilidades. Entonces, ganarás mucho dinero en el mercado de divisas.

20. Creación de listas.

La creación de una lista y el envío de correos electrónicos a su lista de adhesión es el método más rápido para generar ingresos mensuales. De hecho, con el clic de un botón en su correo electrónico de respuesta automática, puede dirigir instantáneamente a miles de personas al sitio web de su elección, ya sea para un producto de un afiliado o el suyo propio.

Sin duda, la forma más rápida de ganar dinero por ti mismo en Internet es enviar una oferta a tu lista y recibir una gratificación instantánea a través de las alertas de correo electrónico "Has hecho una venta".

Escuche a los maestros constructores de listas. Siga el ejemplo de las personas que hacen dinero a la carta en lugar de convertirse en fracasados que continuamente se quejan de su falta de éxito financiero.

Pero, ¿cómo puede esta fantasía de "pulsar el botón" convertirse en una realidad? Todo el mundo entiende que el dinero se gana teniendo una lista opt-in masiva. ¿Cuántas veces has leído "El dinero está en la lista"?

Las palabras son completamente ciertas. Poseer su lista opt-in es el activo más valioso para su empresa.

Una lista de suscriptores con capacidad de respuesta es comparable a poseer su cajero automático. Cuando se pulsa un botón, el dinero sale disparado.

Una vez que emplee el poder de esta estrategia de marketing, toda su organización estará preparada para generar ingresos recurrentes automáticamente.

Incluso con una lista modesta de 1.000 personas, es posible determinar que cada suscripción vale 1,50 dólares. Esta cantidad equivale a más de 1.500 dólares cada mes.

¿Qué haría usted en su vida si dispusiera de 1.500 dólares adicionales cada mes?

- Por lo general, cuanto mayor sea la lista, mayor será el sueldo.
- El tamaño de su lista de correo será directamente proporcional a sus ingresos.
- Una lista de 5.000 o 10.000 personas puede ser compilada utilizando algunos enfoques de construcción de listas.

Ganar 1 dólar por suscriptor se traduce en 5.000 a 10.000 dólares mensuales sólo por enviar correos electrónicos a su lista. Esta es la ventaja de tener una lista altamente receptiva.

Pero, ¿CÓMO construyes tu lista?

Se ha omitido material importante en todos los ebooks e informes especiales sobre cómo atraer visitantes a su sitio web para generar una lista de correo electrónico altamente receptiva. Las estrategias y los secretos no se mencionan o requieren un software caro o procedimientos más allá del alcance del vendedor común.

Este sindicato clandestino de vendedores altamente compensados no tiene la intención de revelar la verdadera clave para hacer enormes cantidades de dinero a través de las listas opt-in. Al prometer algo que no tenían intención de cumplir, obtuvieron enormes sumas de dinero de los comercializadores comunes.

¿En quién puede confiar?

- Los propietarios de sitios web de anuncios clasificados le aconsejaron que este era el mejor método para generar grandes visitas.

- Según los expertos de Google, esta es la técnica más exitosa para generar tráfico y registros para su sitio web opt-in.

Utilizar una combinación de todos los métodos accesibles para generar tráfico es la estrategia más eficaz.

Para ganar dinero, hay que aprender a vender.

Sin embargo, una vez que el visitante llega a su página de opt-in, necesita el talento de un redactor publicitario para vender al visitante del opt-in. Este es el eslabón que falta en todos los secretos que se regalan, venden o intercambian.

El contenido de las páginas de suscripción de los principales gurús es tan cautivador como el contenido de sus páginas de productos. Los redactores altamente remunerados elaboran estas páginas para evocar una respuesta favorable del visitante. Su lenguaje apela a las necesidades emocionales del público al que van dirigidas. Deben convencer al visitante en menos de 5 segundos de que desea su producto o servicio.

El objetivo típico del vendedor es distribuir un informe, pero a menos que el texto de su web esté bien diseñado y sea cautivador, es muy probable que el visitante haga clic para salir de su sitio.

Su página de opt-in es ineficaz si no sabe cómo apelar a las emociones y al intelecto del visitante para convencerle de que proporcione su información personal.

Debe comunicar todas las ventajas al visitante de forma que obtenga una respuesta positiva.

No importa lo atractiva que sea su oferta si su texto en línea no logra convencer al visitante de que necesita su producto.

Una vez que tenga la atención del visitante, debe enviar un mensaje de seguimiento bien redactado. El éxito o el fracaso de sus esfuerzos de marketing por correo electrónico dependerá de lo que ofrezca y de cómo lo presente.

Hay múltiples componentes involucrados en el proceso de opt-in en su conjunto. Debe tener todos los componentes para que su campaña de opt-in por correo electrónico produzca los resultados deseados.

El método de extracción de ingresos de su lista requeriría un informe detallado, pero ese es el tema de otro ensayo y otro día.

Concéntrese en encontrar y dominar una o dos maneras de construir su lista hoy. Después de dominar estas dos tácticas, debe pasar a otras estrategias de crecimiento de tráfico y de la lista.

21. Fotografía.

La gente me pregunta a menudo cómo pueden ganar dinero con sus cámaras digitales lo antes posible. Aunque la fotografía es un arte que lleva tiempo dominar, hay algunas formas de ganar dinero rápido y empezar a obtener ingresos recurrentes con ella. Incluso un principiante en la fotografía digital o un fotógrafo aficionado encontrará estos consejos útiles.

En primer lugar, debes darte cuenta de que no vas a ganar dinero el primer día, ni siquiera la primera semana, pero una vez que entiendas estos conceptos, podrás ganar un dinero extra cada mes, y dentro del primer mes, verás ganancias sustanciales. Te recomiendo que empieces enviando tus fotografías a sitios web de fotos de microstock como Fotolia, Dreamstime, Bigstockphoto e Istockphoto.

Sin embargo, no deberías enviarlas a Istockphoto hasta que las fotos sean aceptadas en otros sitios web. Además, Bigstockphoto es probablemente el más sencillo de todos ellos y aprueba las fotos con relativa facilidad. Aunque tus imágenes sean rechazadas, no te desanimes; en cambio, utilízalas como motivación para mejorar tu fotografía y crear fotografías de mayor calidad.

Te aconsejo que hagas fotografías de microstock mientras fotografías otros eventos. Deberías enviarlas a estos sitios antes de pasar a otros proyectos fotográficos porque pueden generarte unos ingresos pasivos considerables. Aunque fotografíes una boda, un retrato de ancianos o un retrato familiar, ganarás dinero durante todo el día.

Lleva siempre una cámara contigo; con el tiempo desarrollarás un ojo para saber qué se vende y qué no en estos sitios. Sólo recibes unos pocos dólares por cada descarga de imágenes, pero si tienes miles de imágenes como yo, obtendrás importantes ganancias mensuales.

También querrás que tu nombre sea conocido. Te sorprendería saber cuántas personas de tu zona buscan un fotógrafo como tú pero desconocen tu existencia. Estas son algunas de las formas de dar a conocer su negocio y sus servicios:

Crea una página web con algunas fotos de muestra.

Pon un anuncio en el periódico con la dirección del sitio web y reparte tarjetas de visita en las tiendas de novias de la zona.

Lleva tu cámara a los partidos de las ligas menores, ofrécete como ayudante de un fotógrafo de bodas, escribe algunos artículos y pon un enlace a tu sitio web.

Las opciones son ilimitadas a la hora de comercializar tus servicios, así que haz todo lo posible. Recibirás mucho trabajo con las técnicas mencionadas, así que asegúrate de programar tus tareas en consecuencia para no sentirte abrumado. Lo último que quiere es que la calidad de su trabajo disminuya.

También tendrás que aprender a editar imágenes correctamente. Dado que el ordenador es tu "cuarto oscuro digital", pasarás mucho tiempo editando fotos, cambiando colores y tonos, y descartando imágenes no deseadas.

Photoshop está ampliamente considerado como el mejor programa de edición de fotos que existe. La mayoría de los fotógrafos lo utilizan, pero prueba una alternativa si te parece demasiado caro o complicado. Paint Shop Pro me sirvió durante el primer año que lo usé. Sin embargo, al final decidirás comprar y estudiar Photoshop.

22. Comunicado de prensa.

Un comunicado de prensa es una de las formas más eficaces de lograrlo, pero deben cumplirse ciertas condiciones para que tenga éxito.

Hace unos años, mi marido creó una lista de correo gratuita para un segmento de mercado sin explotar en Dinamarca, donde residimos actualmente.

Al cabo de un año decidimos modificar el concepto. Transformaríamos esta especialidad en una escuela y cobraríamos cuotas mensuales de suscripción.

Redactamos un comunicado de prensa en el que informábamos al público de la inminente llegada de este nicho de mercado a Dinamarca, ya que esta noción era inédita en el país pero estaba muy extendida en el extranjero.

Se publicó en algunos periódicos y publicaciones, e incluso obtuvimos publicidad en Internet.

La gente acudió en masa a nuestra página de ventas y se adquirieron cientos de suscripciones. Muchas eran para nuestra escuela de aprendizaje electrónico premium, mientras que otras eran para nuestra lista gratuita.

Más tarde, ofrecimos libros de esta área tanto a la lista gratuita como a la de pago, y muchos de los suscriptores de la lista gratuita acabaron convirtiéndose en alumnos de pago.

Considere algo nuevo.

Al redactar un comunicado de prensa, primero hay que ponerse en el lugar del lector. ¿Qué le interesaría saber al lector?

La mayoría de las personas están deseosas de aprender algo nuevo. Por lo tanto, si hay algo novedoso en su producto, puede aprovechar esa perspectiva para quizá despertar el interés de los medios de comunicación y animarles a escribir sobre él.

No redacte uno de esos comunicados de prensa largos y poco interesantes que actualmente inundan Internet.

No se permiten más de trescientas palabras. Se puede expresar mucho con sólo 300 palabras.

Prepárelo para su uso.

La mayoría de las veces, si un medio de comunicación utiliza su comunicado de prensa, pedirá a uno de sus periodistas que lo reescriba; incluso puede que se ponga en contacto con usted para hacerle más preguntas.

Para generar un interés inicial en su trabajo, debe escribirlo de manera que esté teóricamente listo para ser impreso.

Dé prioridad al contenido más atractivo. En lugar de utilizar el "yo" en el comunicado de prensa, realice una breve "entrevista" con usted mismo. Incluso los subtítulos están permitidos.

Distribuya su comunicado de prensa a los medios de comunicación adecuados.

No cometa el error de enviar a una revista de gatos su comunicado de prensa sobre su nuevo y asombroso libro electrónico sobre cómo hacer que un perro deje de ladrar. Seleccione los medios de comunicación adecuados para su comunicado de prensa.

23. eBay.

eBay hace que sea sencillo ganar dinero en casa cuando se necesita efectivo rápidamente. Una vez que entienda cómo funciona eBay y haya incurrido en pocos gastos de inicio, el cielo es el límite para la expansión de su empresa.

A continuación, le presentamos tres estrategias de compra de existencias que los vendedores expertos de eBay utilizan para adquirir inventario para la reventa en eBay y que el vendedor medio de eBay desconoce. Ahora puedes conseguir inventario para tus transacciones en eBay de la misma manera que los mayores vendedores.

1. Compre en las rebajas locales de fin de temporada y de cierre de negocios.

Las mismas prácticas empresariales existen en todas partes. Muchos particulares crean empresas que fracasan. Cuando una tienda al por menor se hunde, hay que liquidar sus existencias. Estas ventas de liquidación de existencias se producen con frecuencia. Normalmente, se publican en el periódico local.

Sin embargo, algunos subastadores se especializan en liquidaciones en algunas localidades y pueden realizar subastas semanales o mensuales. Consulte los periódicos locales e Internet.

2. Compre en las ventas y subastas locales de liquidación.

En todas las ciudades hay casas de subastas que venden artículos grandes y pequeños, como automóviles y ropa.

Muchos otros compradores en una subasta local serán minoristas y/o vendedores de eBay, por lo que se enfrentará a una intensa competencia. Esto implica que debe evitar enfrascarse en el presente.

Además, las ofertas de final de temporada son ideales para llenar su tienda de eBay. Puede que sea el final del verano en Estados Unidos, pero será el comienzo del verano en el hemisferio sur, por lo que aún tendrás millones de posibles clientes.

Las marcas de diseño siempre se venden. Busque rebajas en artículos de diseño, como ropa, accesorios y maquillaje. Compruebe los listados completados antes de comprar para asegurarse de que no está pagando de más.

Estos son algunos de los peligros de las ventas de liquidación y las subastas que debe evitar:

* Nunca oferte más por un artículo de lo que pensaba ofertar antes de que comenzara la subasta;

* Lleve sólo la cantidad de dinero que pueda gastar;

* Inspeccione los artículos, especialmente los lotes de cajas, antes de la subasta;

* Determine el precio al que puede revender cada artículo en eBay;

* Considere los gastos de transporte;

* Recuerde guardar sus productos con cuidado y seguridad cuando los ponga en eBay.

3. Compra del fabricante Seconds.

Los segundos son productos que no cumplen los criterios de control de calidad del fabricante. Por ejemplo, si una empresa fabrica prendas de vestir, los segundos son artículos cuyo lote de tinte era del color equivocado o con otros defectos.

Los defectos no afectarán a la usabilidad de los artículos, pero debe advertirlos cuando los ponga a la venta. Sus compradores deben estar informados del estado del artículo por el que pujan; si usted indica los defectos en su anuncio de subasta, no podrán alegar que ha tergiversado un artículo.

24. Vídeos de marketing y sitios web de vídeo.

Una de las formas más nuevas de hacer dinero instantáneo en línea es a través de videos de marketing y sitios de video. Si bien esto es todavía una forma diferente de hacer algo de riqueza de dinero neto, ha estado ganando velocidad y el impulso en los últimos meses a medida que más y más personas están buscando a esto como una forma viable de hacer dinero.

Ahora, cuando hablamos de esto como una manera para que usted pueda hacer dinero, usted debe reconocer que hay un poco de trabajo preliminar que hacer, pero en primer lugar, vamos a examinar el concepto que subyace a esta línea de pensamiento.

Algunos individuos venden varios videos y libros y afirman hacer cualquier cosa, desde un par de dólares a unos pocos miles de dólares diarios. Si usted sigue su razonamiento, puede obtener los mismos resultados.

En primer lugar, cuando usted está comercializando videos, usted está vendiendo principalmente estas películas en línea, que no requieren un producto. Todo lo que estás haciendo se basa exactamente en la misma premisa que el comercializador afiliado; eres el trabajador que vende estas cosas en su nombre y recibe una parte de los beneficios.

Usted desarrolla el interés y la emoción en torno al producto y se asegura de que las personas estén motivadas para comprarlo en primer lugar; en este punto, su trabajo termina, y el del fabricante del producto comienza.

Todo el mundo se involucra con lo que ofrece. Los sitios web de vídeo son ventajosos porque los usuarios aportan material atractivo. Considérelo como una especie de marketing viral por sí mismo, y la fuerza del sitio de vídeo es que se propaga rápidamente cuando las máquinas de la vid digital están en funcionamiento.

Por lo tanto, generar riqueza comercializando películas es una obviedad para ti y para todos los demás en el mundo, que obtendrán el valor de su dinero una vez que comiencen.

La cantidad de dinero que se puede generar a partir de estos sitios web y películas es bastante grande, y como se corre la voz y otros comienzan a construir sus productos, usted será capaz de seleccionar y elegir los mejores productos y maximizar la cantidad de dinero que va a ganar de ellos. Este es un excelente método para lanzar su carrera de marketing de afiliación; nada debería impedirlo.

Debes adaptar algunos de los principios y elementos más importantes del marketing de afiliación a tu sector y mercado objetivo. Estos son los aspectos más esenciales de las capacidades de los sitios de vídeo y del marketing de afiliación. Así que comience su carrera ahora!

25. Empresa conjunta.

Las empresas conjuntas le permiten formar una asociación rentable con otra persona. Esta es una oportunidad importante para cualquiera que busque un trabajo legítimo desde casa. También puede obtener otras ideas de negocio para usted a través de una empresa conjunta. Debe investigar adecuadamente a cualquier persona o empresa que afirme que puede ganar dinero rápida y fácilmente, pero una empresa conjunta puede proporcionarle la solución que desea.

Debe decidir qué quiere conseguir con su empresa conjunta, ya que usted y su socio pueden ganar mucho con ella y, si se hace de forma eficaz, puede proporcionarle la oportunidad de ganar dinero rápidamente. Recuerde que el objetivo de las empresas conjuntas es que ambos participantes ganen o se beneficien.

Como una de sus ideas de negocio, la mayoría de los empresarios entran en empresas conjuntas por cuatro razones principales. Pueden aumentar un producto que usted tiene actualmente y proporcionar más conocimientos sobre las necesidades de su mercado objetivo. Su producto puede venderse mejor como complemento del producto de un socio de la empresa conjunta. Esto le ayudará en el futuro a la hora de producir otras cosas para vender.

Como se ha dicho anteriormente, ganar dinero no siempre es sencillo. Usted puede participar en una empresa conjunta incluso si no tiene un producto. Las empresas conjuntas son asociaciones en las que ambas partes contribuyen. Usted puede realizar la mayor parte de las tareas y utilizar el resultado de otro individuo. Los que no tienen nada más que aportar se contentan con este sistema.

Estas empresas conjuntas también pueden mejorar la credibilidad de sus futuras estrategias para ganar dinero rápido. Su socio de la empresa conjunta puede tener ya un gran número de consumidores satisfechos. Cuando posteriormente compran a través de su venta combinada, se convierten en sus clientes.

Esto le permite comercializar con ellos para futuras iniciativas suyas.

Todos sabemos que un negocio legítimo basado en el hogar requiere de clientes repetidos. Sus nuevos clientes han comprado previamente a su socio y ahora compran sus nuevos productos. Es probable que los clientes compren futuros productos de otras ideas de negocio que tengas en el mismo sector.

Puedes empezar a ver que generar dinero simplemente se puede hacer siempre que seas honesto con tu socio y con el consumidor y des un producto o servicio fantástico.

El tercer objetivo que puede perseguir es ampliar su alcance de marketing. Las empresas conjuntas aumentan su alcance comercial porque es más probable que los clientes confíen en usted y se sientan más cómodos comprándole en el futuro. Como se ha dicho anteriormente, puede utilizar clientes que ya confían en su socio de la empresa conjunta. Además, pueden recomendarle a otras personas interesadas en comprarle.

El cuarto principio puede ampliar sus ideas de negocio, ya que puede entrar en mercados imprevistos en los que puede ganar dinero rápidamente. Si pregunta, sus nuevos consumidores pueden mencionar más productos que usted puede ofrecer.

Este método de ganar dinero rápidamente también podría ponerle en buena posición con su socio de la empresa conjunta. Las empresas conjuntas no se limitan a un solo proyecto. Si cumples con tu mitad del trato y ambos ganáis mucho dinero, tu socio puede involucrarte en otra de sus ideas de empresa de la que puedas beneficiarte.

Todos los mencionados anteriormente pueden ofrecerte oportunidades legítimas de trabajo desde casa, pero debes investigar a fondo cualquier idea de negocio que desees llevar a cabo. Es posible que nunca hayas oído hablar de ellos, y que ellos nunca hayan oído hablar de ti. Dado que uno de vosotros debe recibir pedidos, manejar el dinero y cumplir las instrucciones, hay que conceder confianza.

Si utiliza la lista de información de contacto de los clientes compradores de otra persona, puede verse obligado a realizar un esfuerzo considerable. Es posible que ellos ya dispongan de los mecanismos necesarios para aceptar pedidos y pagos. También puede tener que esperar a que le paguen, ya que los pagos diarios no siempre están disponibles; lo más probable es que sean pagos mensuales. Esto podría ser más largo, ya que puede haber un plazo de garantía para el cliente comprador.

No permita que nada de esto le preocupe. Como todos sabemos, no es fácil ganar dinero, pero si su posible cónyuge tiene la experiencia, también tiene que empezar por algún sitio. En algún momento tiene que depositar su confianza en otro individuo.

Su socio de la empresa conjunta puede tener una agenda muy agitada y no siempre puede dedicar tiempo a un proyecto que ha creado. Una de las cosas que deben hacer las empresas legítimas de trabajo desde casa es proporcionar asistencia continua a los clientes existentes y, al mismo tiempo, adquirir otros nuevos. Algunos clientes dejarán de comprar su producto, por lo que debe conseguir otros nuevos.

Los empresarios extremadamente ocupados deben ampliar su base de consumidores. Por ello, se involucran en empresas de colaboración. Tendrán un proyecto terminado y necesitarán a alguien que complete las tareas restantes.

Esto lo puede hacer un nuevo empresario que esté haciendo crecer su imperio. La nueva persona adquiere nuevos clientes vendiendo un producto, mientras que el empresario existente recibe información sobre los consumidores para ayudar a construir su lista.

Una empresa conjunta puede beneficiar a todas las partes implicadas siempre que ambas se beneficien. Diviértete, y buena suerte con tu próximo proyecto.

26. Subastas en línea.

¿Ha pensado alguna vez en la cantidad de objetos que tiene en su poder y que ya no utiliza o desea? Es probable que tenga diferentes objetos interesantes acumulando polvo cuando podrían estar haciéndole ganar dinero a usted y a su familia.

Cuando revises tu casa, piénsatelo dos veces antes de desechar cualquier cosa porque, aunque esté rota o en mal estado, puede que alguien esté dispuesto a pagarte por ella. Incluso puede visitar las ventas de garaje locales en busca de artículos que puedan revenderse.

Esta es una oportunidad fantástica para ganar mucho dinero, ya que prácticamente está gastando centavos por un artículo que casi seguramente se venderá por más en línea.

Otra ventaja de las subastas en línea es que está conectado con compradores de todo el mundo, lo que aumenta considerablemente la probabilidad de que sus productos se vendan por un precio superior al esperado. Este es un método estupendo para ganar dinero rápido, pero puede convertirse fácilmente en una profesión a tiempo completo que aporte ingresos mensuales constantes.

27. Referencias.

Si necesitas un pequeño ingreso, es hora de que te pongas a trabajar. Si juegas bien tus cartas, podrás ganar dinero rápidamente en Internet, y puedes hacerlo a través de referidos.

Esta puede ser la oportunidad que has estado buscando si tienes una gran red de contactos o confías en tu capacidad de anunciarte en Internet para inscribir a tus referidos en un programa de referidos con éxito.

En primer lugar, un programa de referidos le compensará por realizar una actividad específica. Sin embargo, usted gana más dinero por referir a personas, y también se beneficia de las actividades que realizan.

Se le compensa a través de los ingresos por publicidad. Sin embargo, te reembolsarán más por los referidos y te pagarán más cuando se publiquen. Por ejemplo, algunos sitios web te pagarán por publicar en su sitio.

Esto no es un plan para ganar dinero a largo plazo, a menos que lo hagas. Las personas que se inscriben en muchos programas de referencia ganan más que el cambio de bolsillo cada mes existe. Ellos hacen una carrera de ello. Tienen muchos cientos de recomendaciones debajo de ellos. Además, sus referidos tienen más referencias debajo de ellos.

En consecuencia, es factible ganar dinero rápido a través de las recomendaciones. Además, ver cómo su línea crece cada vez más puede ser mucho más divertido. En consecuencia, su cuenta bancaria aumentará. Considere, también, que otros están generando dinero porque usted compartió la oportunidad con ellos.

CONCLUSIÓN.

La pregunta es cómo ganar mucho dinero rápida y fácilmente en un mes. Observe el signo de interrogación en la conclusión. Hay muchas perspectivas sobre este tema en particular.

La pregunta subyacente es cómo ganar mucho dinero rápidamente. Ahora, vamos a echar un vistazo más de cerca a eso. Aquí hay algunas posibilidades para examinar. ¿Sabes escribir a máquina? Entonces puede buscar empleo como mecanógrafo.

¿Disfrutas proporcionando un excelente servicio al cliente? Considera la posibilidad de ser asistente virtual. ¿Te gusta escribir? Entonces, un puesto de redactor publicitario puede ser lo tuyo.

¿Con qué rapidez se le pagará y qué escala de remuneración se debe considerar?

¿Le pagarán diariamente, semanalmente, quincenalmente o mensualmente?

Recuerde que la escala de retribución para algunas de estas tareas no es especialmente grande, por lo que tendrá que hacer muchos esfuerzos para ganar el dinero que necesita lo antes posible. La siguiente pregunta que debes hacerte es si estás dispuesto a realizar el trabajo. Si la respuesta es no, puedes optar por continuar tu búsqueda. Las grandes cantidades de dinero representan varias cosas para diferentes personas.

La cantidad que puedes ganar y la rapidez con la que te pagan depende de tus habilidades, tu trabajo y tu forma de pago. Una persona puede considerar que 100 dólares a la vez es dinero, mientras que otra considera que 1000 dólares semanales es mucho dinero. A la hora de elegir la respuesta a esta cuestión, hay que tener en cuenta que un asistente virtual recibe una buena compensación, pero conlleva una gran responsabilidad.

Pruebe lo que yo hice si necesita dinero rápidamente en un mes. Hoy estoy generando más dinero que en mi negocio anterior, y tú también puedes hacerlo si te suscribes a estas ideas para ganar dinero rápido discutidas hasta ahora.

Mucha suerte!

Habilidades de gestión para directivos.

1. Gestión del tiempo para directivos
2. Coaching de empleados para directivos
3. Creación de equipos para directivos
4. Confianza en sí mismo para directivos
5. Habilidades de negociación para directivos
6. Habilidades de atención al cliente para directivos
7. Asertividad para directivos
8. Etiqueta empresarial para directivos
9. Habilidades de escucha para directivos
10. Habilidades de liderazgo para directivos
11. Habilidades de comunicación para directivos
12. Habilidades de presentación para directivos
13. Gestión del estrés para directivos
14. Toma de decisiones para directivos
15. Gestión de conflictos para directivos.

Serie: Libertad financiera a cualquier edad.

- Lograr la libertad financiera a los 20 años
- Conseguir la libertad financiera a los 30 años
- Conseguir la libertad financiera a los 40 años
- Conseguir la libertad financiera a los 50 años
- Conseguir la libertad financiera a los 60 años
- Alcanzar la libertad financiera a los 70 años y más.
- Conseguir la libertad financiera en los niños
- Lograr la libertad financiera en los adolescentes
- Lograr la Libertad Financiera en los estudiantes universitarios.
- Estafas financieras a tener en cuenta en la jubilación.

Serie: Finanzas personales para usted.
- ➢ Compra y venta de criptomonedas para principiantes
- ➢ Por qué tiene sentido invertir en acciones de dividendos.

Serie: Riqueza 2022.

- ➢ Emprendimiento en línea.
- ➢ Empezar su propio negocio
- ➢ Gestión de la riqueza
- ➢ Ingresos pasivos.
- ➢ 12 pasos para iniciar su propio negocio.

Serie: Excelente servicio de atención al cliente.
- ➢ Excelente servicio de atención al cliente en el comercio minorista
- ➢ Excelente servicio de atención al cliente en comida rápida
- ➢ Servicio de atención al cliente excelente en restaurantes de servicio completo
- ➢ Excelente Servicio al Cliente en la Enseñanza
- ➢ Excelente servicio de atención al cliente en el sector inmobiliario

- Excelente Servicio de Atención al Cliente en un Centro de Llamadas
- Excelente Servicio de Atención al Cliente como Recepcionista
- Excelente Servicio al Cliente en un Hotel
- Excelente Atención al Cliente en la Venta
- Excelente Atención al Cliente sin importar la situación
- Excelente Atención al Cliente en Consultorio Dental
- Excelente Atención al Cliente en Consultorio Médico.

Serie: Dinero rápido.

- Dinero rápido en una semana
- Dinero rápido en un fin de semana
- Dinero rápido en un mes
- Dinero rápido para estudiantes.

Serie: Cómo promocionar.

- Cómo promocionar su libro de recetas
- Cómo promocionar su libro infantil.

Otros libros de D.K. Hawkins.

- ➢ Cómo hacer que su negocio prospere durante una recesión
- ➢ Cómo crear plusvalía para los clientes
- ➢ Cómo reconocer las oportunidades para aumentar el flujo de caja.

Biografía del autor

D.K. Hawkins A D.K. le gusta leer libros de negocios personales, así como pasar tiempo al aire libre. Más libros vendrán en esta colección, así que por favor siga en Amazon para más libros.

Gracias por su compra de este libro.

Honestamente lo aprecio y te aprecio a ti, mi excelente cliente.

Que Dios le bendiga.

D.K. Hawkins.

www.ingramcontent.com/pod-product-compliance
Lightning Source LLC
Chambersburg PA
CBHW071127240526
45465CB00024B/1476